VENTE

DES MERCREDI 28 ET JEUDI 29 MARS 1894

HOTEL DROUOT, SALLE N° 11

à deux heures

BEAU MOBILIER

ARTISTIQUE

Bronzes anciens et de Barbedienne, Gagneau et Lacarrière

Marbres, Terres cuites, Porcelaines anciennes
Faïences françaises et italiennes
Tentures, Tapis

TABLEAUX ANCIENS ET MODERNES

GARNISSANT

Plusieurs Salons, Salle à manger, Boudoir, Fumoir
Cabinet de travail, Chambres à coucher
Cabinets de toilette, Lingerie, Antichambre, etc.

Me RENÉ LYON
COMMISSAIRE-PRISEUR
29, rue Le Peletier, 29

M. A. BLOCHE
EXPERT
25, rue de Châteaudun, 25

EXPOSITION PUBLIQUE

LE MARDI 27 MARS 1894

DE 2 HEURES A 6 HEURES

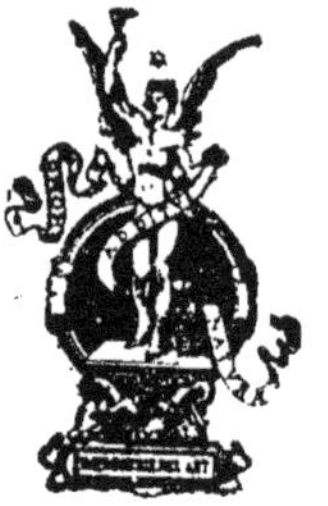

CONDITIONS DE LA VENTE

La vente sera faite *expressément* au comptant.

Les acquéreurs payeront en sus des adjudications *cinq pour cent.*

L'exposition mettant le public à même de se rendre compte de l'état des objets, il ne sera admis aucune réclamation une fois l'adjudication prononcée

Paris. — Imp. de l'Art. E. Moreau et Cie, 41, rue de la Victoire.

DÉSIGNATION DES OBJETS

MOBILIER, OBJETS D'ART

1 — Ameublement de chambre à coucher, en thuya et palissandre, à colonnades, composé d'un grand lit avec un sommier et literie, une table de nuit et une armoire à glace.

2 — Grande armoire en chêne, avec ferrures.

3 — Bahut breton, ancien, à deux corps.

4 — Pannetière ancienne.

5 — Grand coffre oriental ancien, entièrement incrusté de nacre et d'écaille, formant deux couronnes dessus et sur le devant. Il repose sur des chimères en bois doré.

6 — Quatre chaises anciennes, en chêne sculpté, recouvertes d'étoffe orientale.

7 — Grand support en bois de fer.

8 — Deux grandes glaces italiennes, cadres en bois doré. (Seront vendues séparément.)

9 — Trois petites glaces italiennes, cadres en bois doré. (Sera divisé.)

10 — Glace médaillon.

11 — Trois tapis arabes (de Tiaret) à haute laine. (Sera divisé.)

12 — Portière de Karamanie.

13 à 15 — Trois lampes de mosquée.

16 — Cartel en bronze doré.

17 — Guéridon en onyx, monture en bronze.

18 à 21 — Colonnes onyx et bronze et en marbre.

22 — Groupe en bronze : Vénus consolant l'Amour.

23 — Statuette en bronze : la Frileuse, par Colombo. Signé.

24 — Buste en bronze : Jeune fille, par Lévy. Signé.

25 — Buste en bronze : Bianca Capello.

26 — Lion héraldique, en bronze.

27 — Lion, de Barye, en bronze.

28 — Deux bronzes argentés : Merveilleux et merveilleuse. Signé Lalouette.

29 — Rentrée au couvent, porte-allumettes en bronze.

30 — Deux cachets en bronze.

31 — Statuette d'Hercule, en bronze argenté.

32 — Deux guerriers en bronze ancien, sur socles en marbre de Sienne.

33 — Grand plateau arabe, en cuivre repoussé.

34 — Plateau arabe, en cuivre argenté.

35 — Lustre hollandais, en cuivre.

36 — Lanterne d'antichambre, en cuivre.

37 — Deux petits flambeaux, forme crapaud, en bronze doré.

38 — Broc en étain.

39 — Statuette en terre cuite : Petit siffleur. Signé S. Cagagno.

40 — Groupe en marbre : Amour et Psyché.

41 — Douze statuettes Saxe et autres.

42 — Petit chien, en Saxe.

43 — Chien en faïence.

44-45 — Garniture de cheminée, en ivoire sculpté, composée d'une pendule surmontée d'une statuette et de deux flambeaux en ivoire.

46 — Quatre supports en bois doré.

47 — Deux supports en faïence.

48 — Buste en cire : Femme arabe au réveil, par Marzocchi.

49 — Buste en biscuit : Merveilleux.

50 — Onze lances sénégalaises

51 — Calebasse.

52 — Têtes de sanglier.

53 — Deux gantelets en fer.

54 — Grande et belle potiche en porcelaine de de Chine ancienne, famille verte.

55 — Deux cornets en ancienne porcelaine de Chine, famille verte.

56 — Perroquet.

57 — Pic-vert.

58 — Deux plaques Delft ancien décor : Chien et chat.

59 — Six vases de Nevers, Berlin, Rouen, etc. (Sera divisé.)

60 — Vase en faïence de Rhodes.

61 — Huit plats faïence de Rhodes. (Sera divisé.)

62 — Grande plaque en vieux Castelli.

63 — Vingt-trois plats dont dix petits et treize grands. (Sera divisé.)

64 — Soixante et onze assiettes de Nevers, Rouen, Delft, etc. (Sera divisé.)

65 — Deux bannettes vieux Rouen.

66 — Deux fontaines.

67 — Deux belles plaques vieux Nevers, bleu sur blanc, avec têtes d'anges.

68 — Violon.

69 — Jardinière avec fleurs.

70 — Saladier vieux Rouen.

71 — Quatre cornets vieux Delft

72 — Deux potiches.

73 — Groupe femmes japonaises.

74 — Grand vase à anse.

75 — Deux plaques : Têtes de fauves.

76 — Soupière en ancienne faïence.

77 — Deux petites cafetières et une salière vieux Chine.

78 — Grande coupe faïence de Ginori.

79 — Plat à barbe.

80 — Saucière à goulot.

81 — Buste en terre cuite : Philine, de Bruynspi.

82 — Groupe en terre cuite : les Canards, de Céribelli.

83 — Groupe en terre cuite : Faune et Nymphe.

84 — Statuette en terre cuite : la Vendangeuse.

85 — Buste enterre cuite : l'Été, de Madrazzi.

86 — Buste en terre cuite : Jeune femme, de Madrazzi.

87 — Groupe en terre cuite : la Lecture interrompue.

88 — Belle suspension de salle à manger en bronze doré à une lampe et dix-huit bougies, ornée de mascarons et de têtes de béliers. Travail de la maison Lacarrière.

89 — Grand lustre en bronze doré et cristaux à trente lumières, de la maison Gagneau.

90 — Appareil à gaz en bronze, patine claire à deux lumières.

91 — Portière en velours de lin fond rouge, orné d'applications en broderies fond vieil or et argenté avec lambrequin même étoffe et draperie soie bleue à fleurs.

92 — Portière en lampas, fond crème lamée or à fleurs en polychrome.

93 — Cinq portières damas vert avec bandes de velours frappé accompagné de deux embrasses et quatre lambrequins.

94 — Paire de vitraux.

95 — Lanterne d'antichambre.

96 — Grand fauteuil en noyer sculpté.

97 — Table en noyer sculpté.

98 — Porte-parapluie en noyer sculpté.

99 — Coussin et deux tapis algériens brodés or.

100 — Encrier et flambeaux en cuivre.

101 — Paire de ciseaux en cuivre.

102 — Coupe-papier en cuivre.

103 — Paire de grands vases japonais en bronze.

104 — Éléphant en bronze du Japon.

105 — Deux escabeaux en noyer.

106 — Tapis fond rouge.

107 — Store en soie rouge.

108 — Trois grands plats.

109 — Neuf assiettes.

110 — Porte-allumettes en cuivre.

111 — Baromètre en noyer.

112 — Tête de chien empaillé.

113 — Chien en faïence.

114 — Bureau, style Renaissance, en ébène et ivoire.

115 — Paire de vases en bronze.

116 — Pendule en bronze.

117 — Encrier en Saxe et bronze doré.

118 — Deux petites chaises en bois sculpté et doré.

119 — Table en ébène et ivoire.

120 — Console Louis XVI.

121 — Grand marbre.

122 — Chaise et canapé Louis XVI, en noyer.

123 — Petit canapé et chaise en noyer ciré, couverts en étoffe fond blanc à fleurs.

124 — Vitrine en vernis Martin et bronze doré.

125 — Table en vernis Martin.

126 — Quatre coussins en satin de fantaisie.

127 — Tabouret de pieds en peluche.

128 — Grand tapis brodé en soie chinoise.

129 — Dessus de piano en satin vert brodé.

130 — Dessus de piano, style Louis XVI.

131 — Dessus de canapé bleu de ciel brodé.

132 — Dessus de cheminée, style Louis XVI.

133 — Lampe de parquet, tablette en marbre.

134 — Lustre en bronze.

135 — Petite pendule bronze doré et candélabres.

136 — Deux petits amours en bronze.

137 — Paire de vases cloisonnés.

138 — Glace ornée de cuivres dorés.

139 — Corbeille en émail cloisonné et bronze doré.

140 — Jardinière cloisonnée.

141 — Statuette en bronze: la Liseuse.

142 — Bougeoirs en bronze.

143 — Statuette en bronze: la Pêcheuse.

144 — Statuette en bronze: Pêcheur japonais.

145 — Petits porcs en bronze.

146 — Tortue en bronze.

147 — Bronze japonais.

148 — Statuette en bronze de Barbedienne: la Prière.

149 — Lampe japonaise en bronze doré.

150 — Petite raquette en peluche.

151 — Deux lambrequins roses peluche et satin.

152 — Quatre rideaux velours rouge bandes dorées.

153 — Store tulle noir orné de chimères.

154 — Deux paires de rideaux tulle noir orné de fleurs.

155 — Store en soie blanche.

156 — Trois portières Louis XVI, rayures satin rose.

157 — Deux lambrequins en peluche vieux rose.

158 — Tapis rouge moquette à fleurs.

159 — Piano de Pfeiffer.

160 — Ameublement de salle à manger composé d'un grand buffet en noyer sculpté à six portes à personnages et scène de cabaret sur celle du milieu, table en noyer à colonnes, dressoir et six chaises couvertes en cuir re poussé.

161 — Grand fauteuil en chêne et tapisserie.

162 — Meuble-bahut en noyer sculpté.

163 — Planche de cheminée en noyer sculpté.

164 — Suspension à gaz en bronze doré avec bougies.

165 — Pendule en noyer sculpté.

166 — Deux lampes cloisonnées décor chimères.

167 — Deux Amours en bronze.

168 — Socle vert en peluche.

169 — Groupe en bronze : Vénus et l'Amour, de M. Moreau.

170 — Cinq portières en velours vert et bandes or et argent.

171 — Deux petits stores en soie blanche.

172 — Tapis de table en satin vert brodé.

173 — Quatre petits coussins en velours vert brodé argent.

174 — Tapis moquette, fond rouge à fleurs.

175 — Encrier en argent sur socle en marbre rouge.

176 — Grande jardinière en faïence de Moustiers.

177 — Onze grands plats en ancienne faïence.

178 — Six assiettes anciennes.

179 — Plaque en vieux Rouen.

180 — Garde-feu en bronze doré.

181 — Cheminée prussienne.

182 — Toilette en bois noir, dessus en marbre blanc.

183 — Grande glace, cadre en satin bleu.

184 — Trois cordelières en peluche chaudron et passementeries en satin bleu.

185 — Grand rideau en satin bleu.

186 — Trois rideaux en satin bleu avec franges.

187 — Cinq cordelières en peluche et trois en satin bleu.

188 — Chaise longue en satin bleu et bandes en peluche chaudron.

189 — Fauteuil en satin bleu et chaudron.

190 — Deux coussins en satin rouge.

191 — Psyché en bois noir.

192 — Meuble contenant un coffre-fort en palissandre, dessus en marbre noir.

193 — Store en soie rouge.

194 — Cheminée en satin bleu avec cordelières en satin et peluche.

195 — Paire de chenets en bronze doré.

196 — Cheminée prussienne.

197 — Pendule et candélabres en porcelaine de Saxe.

198 — Deux petits bronzes sur socles en marbre.

199 — Bronze : le Sans Souci, sur socle.

200 — Table-liseuse en bois noir, dessus en marbre.

201 — Statuette en marbre : le Petit Noël

202 — Petite table en bois sculpté.

203 — Tapis en satin rouge brodé.

204 — Tapis en peluche chaudron.

205 — Support en bois noir sculpté.

206 — Trois socles en peluche rouge.

207 — Buste : Diane, d'après Houdon.

208 — Grande glace, avec appliques à lumières en porcelaine de Saxe.

209 — Trois appliques, à trois lumières en porcelaine de Saxe.

210 — Violon en faïence.

211 — Glace, bois noir, décor à fleurs.

212 — Photographie encadrée.

213 — Tapis moquette rouge uni.

214 — Carpette de Smyrne.

215 — Petite carpette.

216 — Petit coffre-fort en acier.

217 — Cendrier cloisonné.

218 — Petit encrier cloisonné.

219 — Miniature représentant la duchesse d'Angoulême.

220 — Ameublement de chambre à coucher en noyer ciré, style Louis XIII, composé d'une armoire à glace, un lit, une table de nuit dessus de marbre, deux chaises en noyer sculpté couvertes en peluche rose.

221 — Fauteuil liseuse en satin blanc et bois doré.

222 — Table en palissandre.

223 — Tablette de cheminée en peluche verte.

224 — Dessus de cheminée de glace, avec lambrequin fond vert, rose et satin.

225-226 — Trois socles en satin rose et peluche.

227 — Buste en bronze : Bacchante, d'après Clodion.

228 — Deux bronzes de Falguière : Phryné et la Cigale.

229 — Paire de bougeoirs ciselés, argent et cuivre.

230 — Porte-allumettes doré, sur socle en marbre.

231 — Bonbonnière en bronze doré.

232 — Sabot doré, vernis Martin.

233 — Miniature, cadre doré. Louis XVI.

234 — Deux paravents en satin vieux rose et bois doré.

235 — Deux petits coussins en satin rose.

236 — Coussin en satin vert. Louis XVI.

237 — Deux chenets en bronze doré.

238 — Ciel de lit et fond de lit en satin rose et vert.

239 — Deux chutes en satin vert. Louis XVI.

240 — Trois rideaux en satin rose, Louis XVI, avec franges.

241 — Grand rideau en satin vert.

242 — Galerie en peluche et satin vert.

243 — Quatre cordelières, quatre chutes et deux embrasses en satin vert avec glands.

244 — Suspension en bronze, de Barbedienne.

245 — Verre d'eau.

246 — Glace de Venise.

247 — Tableau de femme nue encadré.

248 — Portrait, cadre doré et velours.

249 — Deux miniatures de Legoupil.

250 — Tapis en moquette à fleurs.

251 — Table avec coffret en nickel.

252 — Deux couvre-lits : vieux rose et chaudron, en satin brodé.

253 — Deux petits rideaux en soie rose.

254 — Paire de rideaux blancs et fleurs brodées.

255 — Store en soie rose.

256 — Couverture en coton blanc.

257 — Deux traversins, deux oreillers, un sommier.

258 — Deux matelas.

259 — Bonbonnière émaillée.

260 — Groupe en Saxe, à trois personnages, représentant : La Lettre interceptée.

261 — Bonbonnière en Saxe.

262 — Piano à queue en Saxe.

263 — Bonbonnière en Saxe ornée d'amours.

264 — Bonbonnière en ivoire avec miniature de chats et chiens.

265 — Vase fond blanc et or.

266 — Vase plus grand.

267 — Tabouret de piano.

268 — Deux potiches en ancienne faïence.

269 — Deux soucoupes cloisonnées.

270 — Petite caisse en cuivre.

271 — Vase argenté.

272 — Brûle-parfums en bronze du Japon.

273 — Cloche en cuivre de Luxeuil.

274 — Deux petits personnages de Saxe.

275 — Pyramide.

276 — Chaise à porteurs en argent et vernis Martin.

277 — Panier de Saxe.

278 — Poisson en porcelaine, fond rouge.

279 — Boîte à mouchoirs en vernis Martin.

280 — Encrier.

281 — Verre.

282 — Coffret Louis XVI en étoffe.

283 — Panier forme cage d'oiseau.

284 — Cheminée prussienne.

285 — Bonbonnière en or et émail.

286 — Cachet en argent.

287 — Figurine en Saxe.

288 — Bonbonnière en Saxe.

289 — Bonbonnière en porcelaine.

290 — Éventail Louis XVI.

291 — Miniature : la Source.

292 — Miniature : Tête de femme.

293 — Groupe en Saxe.

294 — Miniature de femme.

295 — Petit vase et bonbonnière de forme triangulaire.

296 — Bateau en argent.

297 — Petit buste en argent.

298 — Quatre ivoires japonais.

299 — Statuette en ivoire.

300 — Théière en cuivre.

301 — Éventail.

302 — Miniature : Tête de femme.

303 — Bonbonnière en argent.

304 — Vase à odeurs en Saxe.

305 — Petite table en bois doré.

306 — Petit bureau chinois incrusté de nacre.

307 — Glace à trois faces.

308 — Batterie complète de cuisine.

309 — Tables, buffet, bidet.

310 — Store en soie blanche.

311 — Cadre doré.

312 — Soufflet à feu, deux grilles de cheminée.

313 — Boucles à rideaux, montants en fer pour portières et galeries.

314 — Boîte en ivoire.

315 — Lit en porcelaine.

316 — Deux boutons en émail ancien.

317 — Porte-bouquet en argent et émail.

318 — Appareil à photographies.

319 — Vase en faïence.

320 — Ameublement de salon, style Louis XV, en noyer sculpté, composé d'un canapé, deux fauteuils et deux chaises couverts en soie brochée.

321 — Grand fauteuil, époque Louis XIV, en noyer sculpté, garni de tapisserie au point.

322 — Deux fauteuils, époque Louis XIII, garnis en imbertine.

323 — Chaise Louis XIII, garnie en imbertine.

324 — Fauteuil Louis XIV, recouvert en tapisserie au point, fond vert, ton sur ton.

325 — Grand fauteuil Louis XIII, pieds tors, dossier sculpté, recouvert en tapisserie au point.

326 — Chaise bébé, garnie en satin cerise, avec bande de tapisserie.

327 — Paravent à quatre feuilles, en peluche et cretonne satinée.

328 — Bois de fauteuil sculpté. Louis XIV.

329 — Petit fauteuil bout de pied en palissandre, recouvert en tapisserie au point.

330 — Tabouret époque Louis XIII, à croisillons, couvert en soie ancienne.

331 — Écran en palissandre, avec panneau en tapisserie ancienne au point, avec petits personnages au petit point.

332 — Deux lampes carcel de Gagneau, porcelaine céladon, monture bronze doré. Style Louis XVI.

333 — Deux plats, ancienne porcelaine de l'Inde, décor polychrome.

334 — Tête-à-tête en faïence de Wedgwood.

335 — Encrier en ancien bronze de la Chine.

336 — Lot d'étoffes et passementeries anciennes.

337 — Chaîne or et perles fines.

338 — Petite broche en diamants anciens.

339 — Deux broches en filigranes d'argent.

340 — Broche forme couronne, en perles, diamants et émeraudes.

341 — Jumelle.

342 — Presse-papiers, tête de chien en bois sculpté.

343 — Corbeille en bronze, décor à oiseau.

344 — Encrier en bronze polychrome formé par un groupe représentant le Retour à la ferme.

345 — Gourde en faïence, décor d'oiseaux dans des branchages, en polychrome sur fond bleu.

346 — Glace ovale, cadre en bois à jour, décor à feuilles de vigne et grappes de raisin sur fond de velours bleu.

347 — Vase à deux anses et couvercle, en bronze argenté, décor à feuillage en relief.

348 — Petite sonnette en métal argenté.

349 — Sucrier et plateau en porcelaine décorée.

350 — Petit buste représentant Thiers.

351 — Petite lampe à deux anses en bronze, décor à guirlandes de fruits et feuillage.

352 — Flambeau en bronze. Premier empire.

TABLEAUX

BOUCHER (Attribué à).

353 — *Bergère.*

Gouache.
Cadre ancien en bois sculpté et doré.

BERTIN.

354 — *Environs de Messine.*

BURY.

355 — *Intérieur de ferme.*

DARGÈLE (Charpentier).

356 — *Fondouck arabe.*

Signé.

DAUMIER (Attribué à).

357 — *Scène de genre.*

DIAZ.

358 — *Fleurs.*

DOLCI (Attribué à Carlo).

359 — *La Vierge.*

FAVIER (J.).

360 — *Intérieur de cuisine.*

Signé à gauche et daté 1871.

GENEVRAYE.

361 — *La Vieille chanson.*

LUSTEHER.

362 — ***Paysages.***

Deux pendants.

LANCRET DE BURY.

363 — *Paysage.*

MARZOECHI.

364 — *Le Gardien du Sérail.*

Aquarelle.
Signée.

MARZOECHI.

365-366 — *Natures mortes.*

Deux pendants.
Signés.

MARZOECHI.

367 — *Vallée du Sébaou en Kabylie.*

Signé.

MORIZET.

368 — ***Le Lac.***

Reproduction d'un tableau de Corot.

RAMPONNEAU.

369 — *Intérieur d'auberge.*

Aquarelle.

TENNER (René).

370 — *Bords de l'Oise.*

Signé.

VAN SYP.

371 — *Envoi de roses.*

Signé.

VÉRON.

372 — *Bords de la Céleste, à Senlis.*

Signé.

ÉCOLE ANCIENNE.

373 — *Portrait de Mlle Fanchon.*

374 — *Paysage.*

Aquarelle.

375 — *Paysage.*

376 — *Scène de Molière.*

Aquarelle.

377-378 — *Deux gouaches.*

ÉCOLE FRANÇAISE.

379 — *Gouache.*

380 — *Portrait de dame.*

381 — *Paysage.*

382 — *Bacchante.*

383 — *Marine.*

384-385 — *Fleurs.*

Deux pendants.

ÉCOLE MODERNE.

386 — *Bouquet de fleurs.*

387 — *Fleurs.*

388 — *Fleurs.*

389 — *Fantaisie.*

390 — *Fleurs.*

391 — *Fantaisie.*

392-393 — *Deux paysages.*

394 à 397 — *Quatre gravures en couleur.*

www.ingramcontent.com/pod-product-compliance
Ingram Content Group UK Ltd.
Pitfield, Milton Keynes, MK11 3LW, UK
UKHW032018260826
14628UKWH00006B/2568

9 782329 514185